KEVIN LION

Ma vie de...

PROF

178 REPARTIES QUI TUENT

Éditeur : Stéphane Chabenat
Suivi éditorial : Clotilde Alaguillaume et Brigitte de Zélicourt
Conception graphique : Emmanuelle Noël
Couverture : MaGwen

Les Éditions **de l'Opportun**
16 rue Dupetit-Thouars
75003 PARIS

www.editionsopportun.com

(APPRÉCIATION DU CONSEIL DE CLASSE)
MÊME ADRIEN PARAÎT BRILLANT À CÔTÉ... HONTE À VOUS !

(À un élève qui ne connaissait pas la réponse.)
Prof : Vous avez l'air d'un mouton pris de tournis.
Élève : ... ?
Prof : Quand je suis partie en voyage, je me suis trouvée sur un bateau en face d'un mouton ayant le mal de mer... Je n'ai jamais vu un regard si dénué d'intelligence.

– MONSIEUR, ON PEUT FERMER LA FENÊTRE ? Y A DU VENT.
– C'EST PLUTÔT DANS TA TÊTE QU'IL Y A DU VENT, SIMON...

(Le prof a sa braguette ouverte.)
— Monsieur ! Vous avez votre magasin ouvert !
— Heureusement que le vendeur n'est pas sorti !

PROF : COMMENT S'APPELAIT STALINE ?
ÉLÈVE : CHRIS.
PROF : ...
ÉLÈVE : CRISTALLINE.
PROF : TRÈS DRÔLE. TON CARNET !

— Ton carnet, Simon.
— Je ne l'ai pas !
— OK. Ça fera 4 heures de colle pour demain pour oubli de carnet.
— Oh le petit coquin ! Il s'était caché entre mes cahiers !

**Le prof : Je suis le roi.
Un élève : Le roi des cons...
Le prof : Oui, je suis le roi et vous êtes les cons.**

Simon, tu as toute l'année pour essayer d'embrasser Pauline, alors, s'il te plaît, PAS PENDANT MON COURS !!! Mais tu peux tenter ta chance en cours de maths si tu veux.

(Lors d'un cours de français plutôt bruyant, la prof, qui est très jolie, s'exclame.)
— Benjamin ! Il faut que je fasse quoi pour que tu te taises ?! Que je te séquestre et que je te bâillonne ?!
— Ohhh ouuuiiii, madame !
— ... Bon, passons...

Élève : Hein ?
Prof : Deux
Élève : Trois
j'ai gagné !
Prof : Quatre
t'es collé.

— La semaine prochaine, on fait deux heures de cours en plus, on pourra rattraper notre retard.
— On a du retard, monsieur ?
— Non, mais on le rattrape quand même !

– Madame... Euh pardon, monsieur ?
(Le prof baissant son tee-shirt et montrant les poils de son torse.)
– Si un jour tu vois une fille avec ça, barre-toi en courant !

— Il est horrible votre dessin, monsieur !
— Ouais, bah il s'efface mon dessin, comparé à ta gueule...

— Monsieur, les extraterrestres, ça existe ?
— Eh bien, vu ta tête, je crois que oui.

(Un téléphone sonne.)
C'est vraiment insupportable que vous n'ayez aucun respect pour le professeur ! C'est pourtant simple d'éteindre son téléphone avant... Ah merde, c'est le mien...

(Un élève qui ne participe jamais lève la main.)

La prof : My fucking god, mais il parle !

(Au lieu d'écrire « tengo 18 años » (j'ai 18 ans), une élève a écrit sur sa copie d'espagnol « tengo 18 anos » (j'ai 18 anus).)

La prof : Bon, bah c'est bien, on pourra faire une partie de golf !

Élève : Et vous savez, madame, Valentin et Océane sortent ensemble !
Prof : Ah bon ?!
Valentin *(un peu gêné)* : Euh... Oui...
Prof : Valentin, tu as très bon goût ! Mais par contre, Océane, tu me déçois !

L'inspecteur académique sort de classe à reculons, discrètement, sans vouloir déranger le cours, faisant signe au professeur de continuer le cours, ouvre la porte silencieusement sans se retourner, sort en faisant un signe amical au prof et aux élèves, et ferme la porte. En fait, c'est la porte du placard.

– VOUS AVEZ COMPRIS ?
– OUIII !
– C'EST PAS NORMAL, J'AI RACONTÉ N'IMPORTE QUOI...

Rationalité prend un seul « n » et rationnel en prend deux...
C'est pas du tout rationnel en fait !

Aaaaah, il manque du monde aujourd'hui !
Les élèves, c'est comme le linge, ça sèche quand il fait beau.

— Donc, qui peut me dire ce qu'est un archipel ?
— C'est un outil pour creuser des architrous ?
— Ah ah ah. Dehors !

(Commentaire sur un bulletin)
Toujours dans les nuages, redescend parfois sous forme de perturbation.

(Le téléphone du prof sonne.)

Vous voyez, moi, j'ai des amis !

(Il répond.)

Ah ! Salut Môman !

(La classe totalement morte de rire !)

J'AI CORRIGÉ VOS INTERROS. C'EST L'APOTHÉOSE DU N'IMPORTE QUOI.

Dites-moi, j'ai bu un coup de trop à la pause ou je suis bien en train de voir un élève DÉGUISÉ EN PUTAIN DE MAYA L'ABEILLE dans le fond de ma classe ?!

Morgane, je pourrais dire que tu es un déchet, mais ce serait vraiment insultant... pour les déchets !

(À quelques jours du bac)
Grégory : De toute façon, j'irai pas au rattrapage.
Prof : Vous avez prévu de directement louper votre bac ?

(Le prof efface le tableau alors que personne n'a fini d'écrire.)

– Mais monsieur ! ça se fait pas ! Comment avez-vous pu faire ça ?

– En frottant un peu, avec la brosse…

Tout ce qui est en rouge, c'est les fautes : tu me dois un stylo.

— Alors Henri, avez-vous trouvé la réponse ?
— Presque, je l'ai sur le bout de la langue mais ça veut pas sortir. J'ai quand même 10/10 ?
— Presque, j'ai l'encre dans le stylo mais elle refuse d'écrire le 1.

Prof : Oui, les garçons ont des poils dès la puberté, c'est une bonne réponse !
Pauline : Mais Simon il en a pas, madame !
Prof : On se demande bien comment tu sais ça, toi !

(Pendant le cours, le portable d'une élève se met à sonner.)

— Il y a un portable qui sonne, je crois !

— Oui, pardon monsieur, j'ai oublié de l'éteindre avant de rentrer...

— C'est pas grave, passe-le-moi !

— Euh...

(Donnant son portable au prof qui se fait un plaisir de décrocher.)

— Oui allô ? Oui ? Nan, désolé, je suis un peu occupé avec Célia pour le moment... Je suis un ami. Monsieur ? Allô ?

— Ça a raccroché ?

— Oui, bon Célia, je crois que ton père est en route. Tu diras que ton prof de maths lui passe le bonjour !

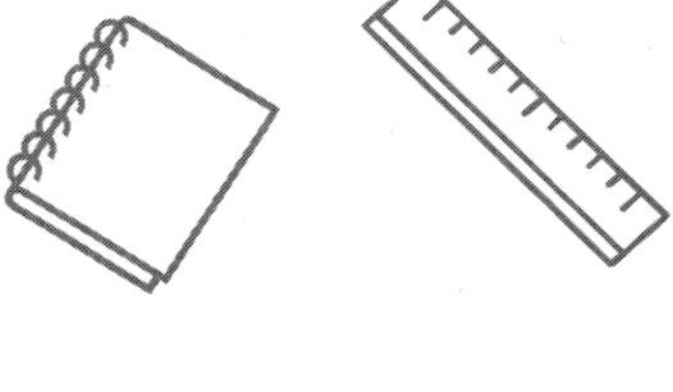

(Pauline avait apporté son ordinateur portable pour son exposé.)

Simon : Oh con, il est énorme, l'ordi de Pauline !

Prof : Eh oui, Pauline aime les gros engins, tu vas pas nous faire un complexe, Simon ?

— MONSIEUR, J'AI PAS FAIT L'EXERCICE...
— C'EST PAS GRAVE, TU LE REFERAS L'ANNÉE PROCHAINE.

— Vous voulez travailler, aujourd'hui ?
— Naan !!
— D'accord, on va faire semblant alors.

— Madame, je peux aller aux toilettes ?

— In English, please.

— C'est urgent, je sais pas !

— Alors, attends le cours de français.

Mathilde, mettez-vous à côté de Léa ! Et arrêtez de râler, la vraie punition, elle est pour Léa !

Prof : Je peux vous tutoyer ?
Élève : Oui.
Prof : OK, ta gueule !

En gros, la dictature c'est : Ferme ta gueule. Par opposition à la démocratie : Cause toujours !

— Monsieur, vous aimez
les loups ?
— Non, je déteste ça !
— Alors, pourquoi vous nous
appelez « les petits loups » ?
— Eh bien, parce
je vous déteste !

Élève : Madame, c'est quoi, une catin ?
Un autre élève : Ben, c'est... euh... une fille qui, euh...
Prof : C'est une pute !

— Madame, il y a
Adrien qui m'insulte
gratuitement !
— En même temps,
tu ne vas pas le payer
pour qu'il t'insulte...

— Quelle est la capitale de la Grèce ?
— Le prof de maths !
— Ah ah, elle est trop bonne, celle-là ! Je vais lui ressortir à la pause !

Alors Laura, on se cache dès qu'on me voit au supermarché ?

(Cours sur les statistiques)
— Par exemple, imaginons qu'au prochain contrôle la moyenne de la classe soit de 11, ça veut dire...
— Ça veut dire que vous êtes beaucoup trop optimiste, m'dame...

- Benjamin, si tu n'écris plus, c'est que tu dois avoir fini.
- Non, j'attends un éclair de génie.
- Je crois que tu vas attendre longtemps alors...

(Léa, très énervée, se lève et fait mine de partir.)
Prof : Mais il t'arrive quoi ?
Léa : C'est qu'il y a un con dans cette classe.
Prof : Léa, c'est pas gentil de parler de toi comme ça !

Youssef, tu veux aller t'aérer les neurones ? Enfin, j'ai été généreux en disant « LES » neurones...

Ils sont tellement écolos aux Pays-Bas qu'ils fument même de l'herbe !

Attention ! Notez bien qu'il y aura un contrôle surprise la semaine prochaine !

— Et tu chantes, chantes, chantes, c'est ta façon d'aimer...
— Et t'es chiante, chiante, chiante, et tu viens de te faire coller !

- Et quel est le dieu régnant sur les enfers ?
- Le directeur ?
- Ah ah ah, je vais la lui ressortir, celle-là !

— Monsieur, vous avez des animaux ?
— Oui, j'en ai trois.
— Et c'est quoi ?
— Une fille et deux garçons.

J'ai l'impression d'être sous un chêne tellement il y a de glands dans cette salle !

(Le prof explique comment se placer pour jouer au volley.)

— Vous allez vous placer près du premier potal.

— Du premier potal ?

— Un potal, des poteaux.

Je vais vous demander
de faire un exercice
d'approfondissement après
les exercices préliminaires.
Donc, à l'aide du graphique
vierge, vous définirez la
position du point G dans le
plan Q.
Si vous n'y arrivez pas,
refaites les préliminaires !

– AH MONSIEUR, VOUS ME POSTILLONNEZ DESSUS !
– TU DEVRAIS PLUTÔT ME REMERCIER DE TE FAIRE PRENDRE UNE DOUCHE, DEPUIS LE TEMPS, ÇA COMMENÇAIT À FAIRE LONG...

(Le prof arrive en retard.)

Excusez-moi, mon métro s'est arrêté à toutes les stations.

ÉLÈVE : FAIS CHIER !
PROF : LES TOILETTES SONT AU FOND DU COULOIR.

Simon : Mais c'est quoi, un ion ?

(Le prof contemple un instant la classe d'un regard vide, puis se dirige vers la fenêtre, l'ouvre et regarde en bas ; la referme et se tourne vers la classe.)

Prof : Non, c'est pas assez haut, de là je vais juste finir paraplégique.

— BON, TU COMMENCES L'EXERCICE ? TU FAIS QUOI, LÀ ?
— ATTENDEZ MADAME, JE ME CONCENTRE, JE FAIS LE VIDE DANS MA TÊTE.
— LE VIDE ? MAIS T'AS RIEN DEDANS. QU'EST-CE QUE TU VEUX VIDER ?

Vous avez appuyé sur la touche « Delete » de votre cerveau ou quoi ?

(Le prof explique la perspective cavalière.)
Par exemple, mettez-vous devant une voie ferrée, et vous verrez que les rails se rejoignent ! Ne le faites pas quand même, hein...

(On travaille sur le schéma de l'appareil reproducteur masculin quand un élève crie « Aah ! ».)
Bah alors ! Tu as découvert quelque chose que tu n'as pas ?

– Monsieur, le contrôle est trop dur !
– Secouez la feuille, ça va le ramollir...

Vous savez, quand j'étais lycéen, j'avais un prof qui nous lançait des craies sur la tête... Tu continues et je te balance le bureau, tu vas être tout plat comme dans les dessins animés...

(Personne n'arrive à se souvenir d'un mot en anglais.)
Mais bordel de ziva, how do you say « pantalon » in english ? Tonnerre de Zeus ! You are in 3e enfin, alors don't look me like a fucking bande de mollusques and moove your ravioli, bon sang !

Prof : Simon, t'as fini de dilater tes narines comme ça ?
Un autre élève *(qui n'a rien écouté)* : Hein ? Qui c'est qui a dilaté Marine ?
(La prof a dû quitter la pièce, pliée de rire comme toute la classe...)

NON, ADRIEN, LE SUJET, C'ÉTAIT PAS « DESSINEZ-MOI UN TRUC MOCHE » MAIS « FAITES VOTRE AUTOPORTRAIT ». REMARQUE, DANS TON CAS C'EST... HUM, BON, PASSONS...

— Oh là là, Pauline, c'est quoi, cette mine de papier mâché ? Faut dormir la nuit, hein !
— J'ai dormi autant que d'habitude, c'est juste que j'ai pas eu le temps de me maquiller !
— Oups !

Élève à un autre élève : Hey, beaux yeux !
Prof : Oui ? On m'appelle ?

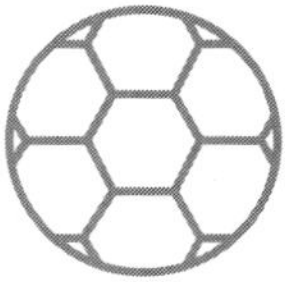

(Le prof a l'habitude de jouer avec sa règle jaune de 1 m, un élève l'imite avec son double décimètre, lassé, le prof s'avance vers lui.)

Cherche pas,
la mienne sera toujours plus longue que la tienne.

(Un scooter passe dans la rue, un élève se lève et regarde par la fenêtre.)
Au xxe siècle, les vaches regardaient passer les trains. Au xxie siècle, ce sont les ânes qui regardent passer les mobylettes ! Vive le progrès !

Prof : Il y a des volontaires ?
Élève : Il y a des suicidaires ?

Élève : Monsieur, ça ne veut rien dire, ce que vous dites !
Prof : La pluie de vos sarcasmes glisse sur la toile cirée de mon indifférence !... Continuons.

(La prof, plutôt jolie, se coupe avec une feuille de papier et se met à saigner beaucoup.)

— Mais je suis devenue hémophile ou quoi ?

— Quoi, vous êtes devenue pédophile, madame ?

— Hémophile ! Prends pas tes désirs pour des réalités !

Deux élèves se passent des mots pendant le cours. La prof en intercepte un. Elle déplie le papier sur lequel est écrit : « La curiosité est un vilain défaut ! »

Simon : Ah putain, je suis con !!

Prof : Petit moment de lucidité... ?

Prof : On sait tous qu'il y a eu une guerre au pôle Nord et ils se lançaient des pingouins, bien sûr !
Élève : Non, sérieux ?!
Prof : Je croyais pas que tu étais si con...

— Simon, tu peux enlever ton manteau !
— Non, Mme Dupuis m'a coincé la fermeture Éclair en français.
(Le prof réussit à décoincer la fermeture.)
— D'où la supériorité des maths sur le français !

(Un élève rend copie blanche, avec juste un message.)

« J'ai rien écrit, peut-être, mais j'ai essayé d'apprendre ma leçon. »

(Commentaire du prof)

« J'ai mis zéro, peut-être, mais j'ai essayé de trouver des points. »

Tournez votre langue sept fois dans votre bouche avant de parler ! Je vous jure, c'est très utile, ça vous entraîne à rouler des pelles !

— Monsieur, j'ai mal à la main à force d'écrire !
— Tu es sûr que c'est à force d'écrire ?

— Monsieur, on a le droit d'utiliser une autre méthode que la vôtre ?
— Oui, tu peux, tu auras zéro, c'est tout.

— Mais madame, on comprend rien ! C'est mieux expliqué dans « C'est pas sorcier » !
— Peut-être, sauf que « C'est pas sorcier », c'est du niveau collège, et vous, vous êtes en BTS !

Vous savez, un prof vous dira toujours qu'il lit Kant et qu'il regarde Arte, mais en fait, on est comme vous : on lit *Closer* et on regarde TF1.

– Bon, allez les jeunes : on sort une copie !
– Mais euh, vous nous avez pas prévenus...
– Oui je sais, c'est le principe d'un contrôle surprise !
– Les surprises, c'est fait pour faire plaisir !
– Jamais en mathématiques !
(Sourire machiavélique)

– Monsieur, c'est quoi une nymphomane ?
– C'est une femme qui a beaucoup de pulsions sexuelles…
– Comment on dit pour un homme ?
– Bah, c'est un homme normal !

— Simon : zéro.
— Mais monsieur, regardez !
— Ah oui, tu as bien orthographié ton prénom ! C'est très bien, ça ! Allez, deux ! Tu progresses.

(Deux filles se maquillent au fond de la classe, le prof les observe.)

— Vous êtes belles de loin, mais loin d'être belles...

— ...

— Vous savez pourquoi on tue les baleines ?

— Euh... Non, pourquoi ?

— Pour vous maquiller... Autrement dit : à quoi ça sert de tuer les baleines pour maquiller des thons ?

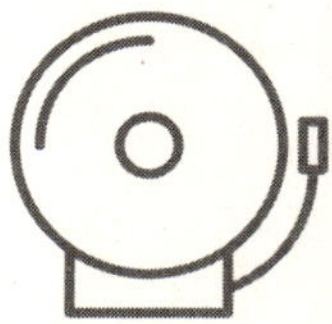

(La prof fait l'appel.)

— Madame, vous m'avez sauté !

— Chut, je ne veux pas avoir d'ennuis avec la justice !

— Bon alors, c'est quoi la bonne réponse ?
— C'est 2,3 g, madame !
— Non, c'est pas ça !
Tapez-le ! Allez-y, tapez-le !
(Fou rire général)
— Sur la calculatrice, je voulais dire...

(Une élève ouvre la bouche.)
– CÉLIA, ARRÊTE DE PARLER !
– MAIS J'AI RIEN DIT, MADAME !
– OUI, MAIS T'AS ESSAYÉ.

— Mais, monsieur, on ne ferme pas la parenthèse ?

— Non, mais par contre tu peux toujours fermer ta gueule.

— Monsieur, vous trouvez pas que j'ai un beau visage ?
— J'en sais rien... Avec tes 2 cm d'épaisseur de fond de teint sur la figure, je ne le connais pas, ton vrai visage...

(En plein cours d'anglais un élève chante fort, vraiment fort.)

— *I believe I can fly...*

— Bon 4 heures de colle : deux pour la prononciation et deux autres pour que tu apprennes à chanter un tout petit peu mieux. Ça te va ?

— Monsieur, on est obligés d'écrire ?

— Oui, on est pas à Poudlard, ça ne va pas se faire tout seul !

(Un élève de la classe a pour nom de famille Dupont.)

— Et si je vous disais de sauter du pont, vous le feriez ?

— Ah ah ah !

— Euh, je disais pas ça pour toi, Adrien...

Faire cours avec vous, c'est comme se branler avec une râpe à fromage... C'est beaucoup de souffrance pour rien.

Ceux qui fument sont ridicules. Ils paient pour avoir du goudron dans les poumons alors qu'ils pourraient tout simplement lécher la route. Si un jour vous voulez commencer à fumer, léchez la route, c'est gratuit !

(Un élève discute.)
Prof : Il y a un problème, jeune homme ?
Élève : Euh... Non, pas encore !
Prof : J'aime bien le « encore » !

(Un professeur à une élève)
– Tu ferais une bonne archéologue, Camille !
– Pourquoi, monsieur ?
– Parce que quand tu touches le fond, tu creuses encore !

— 2-4-6-8-10-12-14-16-18…
— Monsieur, vous faites quoi ?
— J'attends que vous me disiez stop pour remplir la fiche de colle de Joséphine.

(Pauline lève la main.)
Prof : Non... cherchez la thèse !
Pauline : Mais je l'ai...
Prof : Vous l'avez déjà ?!?
Pauline : Ben oui.
Prof : Alors, laissez-moi chercher !

(Le prof finit des équations au tableau.)

Voilà c'est fini.
Et qu'est-ce qu'on fait quand c'est fini ?
Eh bien, on s'casse.

*(Et le prof s'en va,
30 minutes avant la fin du cours.)*

— Monsieur, on s'assoit où ?
— Sur une chaise, ce serait bien.

(La prof commence à dicter un cours.)
Élève : Madame, on l'écrit où, le cours ?
Prof : Ben, sur ta main !
Élève : Pratique pour les contrôles !
Prof : Je ne connais pas ton hygiène de vie, mais j'espère quand même que tu te seras lavé d'ici-là !

— Madame, je peux lire le texte ?
— Vas-y mon gars, fais-toi plaiz' !
— Quoi ? Madame, ça fait bizarre d'entendre ça de vous !
— Bah écoute, je m'adapte au langage des jeunes, moi !

(Le professeur précédent a laissé son portable dans la classe : il sonne...)

Prof : Encore le portable du professeur de mathématiques !

Élève : Oh ! j'ai eu sa femme en tant que maîtresse.

Prof : Ah bon ? Toi aussi ?

(Fabien qui a beaucoup de cheveux se gratte la tête.
Le prof qui est chauve lui dit :)

Fabien, arrête !
Tu sais que je suis complexé !

(Un élève fait une sarbacane avec un effaceur. Le prof la lui confisque, puis la lui rend à la fin du cours.)

Si tu fais ça pendant mon cours, fais-le bien : ta sarbacane est nulle. Je t'en refais une mieux.

(La veille, le professeur s'est plaint au conseil de classe que les élèves ne lui disaient pas bonjour en début de cours.)
— BONJOUR, MONSIEUR !
— Bande de faux culs...

— Madame, on écrit en quelle couleur ?
— J'm'en fous, j'suis pas raciste.

— Adrien, je suis ivre de toi.
— Ah bon ?
— Ouais, tu me saoules !

(Une mauvaise odeur règne dans la salle de classe.)
— On peut ouvrir les fenêtres, madame ?
— On va carrément éloigner cette odeur : Thomas ! Tu sors !

(Un élève s'est fait mal, tout le monde s'attroupe autour de lui.)

Le prof :
On dirait des mouches autour d'une merde !

Emploi à vie : dans les entreprises japonaises, on ne vous licencie pas, à moins que vous ayez mordu le PDG.

— Les hommes intelligents sont toujours dans le doute. Seuls les imbéciles sont constamment affirmatifs.
— Vous en êtes certain, monsieur ?
— Absolument certain !

- Bon, celui ou celle qui répond à ma question peut rentrer chez lui !
(Un élève jette son sac au pied du prof.)
- Qui a fait ça ?!
- Moi ! Je rentre chez moi, salut !

— Mais si, monsieur, dans un carré, un côté peut être égal à une diagonale.

— Prouve-le !

(Simon va au tableau et dessine un autre carré ayant la diagonale du premier pour côté.)

— Simon, si un jour vous devenez politicien, je deviendrai terroriste.

– Monsieur !

– Non ! Stop, William, le cours est fini : plus de questions !

– Mais juste une, s'il vous plaît !

– T'es vraiment une mouche à merde, toi ! File !

(William commence à sortir. Puis il se retourne vers le prof en souriant.)

– Mais attendez, monsieur, si j'suis la mouche... Alors vous êtes quoi, vous ?

JE T'AI DEMANDÉ DE CHANTER, PAS D'IMITER LE PHOQUE EN CHALEUR !

Prof : T'as quel âge, Simon, 14 ans ?
Élève : Pas mentalement, en tout cas !
Prof : Toi, mentalement, tu pourrais même pas prendre ton bain tout seul.

— Madame, Romain, il m'a dit
que j'étais un gros con !
— Mais non, tu n'es pas gros...

Prof : Les grandeurs molaires...
Élève : Comme les dents ?
Prof : Oh, ta remarque est incisive !

— Monsieur, j'ai vu votre femme hier au supermarché, elle est vraiment pas mal.
— Eh oui, à défaut d'avoir une bonne paie, j'ai une bonne meuf.

(Une élève s'est endormie en cours et une autre élève l'appelle pour la réveiller.)

Le prof : Non, laissez-la dormir, c'est mieux comme ça…

Maintenant, que les choses soient claires, quand vous entrez dans cette salle, considérez que vous n'êtes plus en démocratie. Vous êtes dans une tyrannie. Et c'est moi votre empereur, donc SILENCE !!!

(Un élève se lève soudain en plein cours et contourne sa table.)

Prof : Tu t'en vas ?
Élève : Heu... non, j'ai juste fait tomber un crayon.
Prof : On aurait aimé, pourtant...

– Madame ! Qu'est-ce que vous avez écrit à la dernière ligne ?
(La prof regarde la phrase pendant plusieurs secondes.)
– Ça, tu vois, c'est une très bonne question !

Élève : Héééé, maiiis !!! Prof : C'est plus fort queeee touuuuuut !

Benjamin *(appelant LE professeur)* : Madame ?
Prof : Oui, jeune fille ?

(Le prof interroge Hugo qui n'est pas réveillé, donc il ne répond pas. Le prof se retourne et écrit au tableau.)

Hugo Boss...
Mais pas trop.

(La prof dit de sortir des copies pour un contrôle surprise.)

Je suis très à cheval sur les règles d'orthographe, alors j'enlève des points s'il y a des fautes !

(Elle montre le tableau avec l'énoncé du contrôle. Il y a des fautes à toutes les lignes...)

À ce moment-là, j'étais à cheval sur autre chose...

Émilie : Ah ah ! J'ai vu ce que vous avez fait, monsieur !
Prof : De quoi parles-tu ?
Émilie : Vous savez très bien !
Prof : Bon, je te rajoute deux points au contrôle et tu n'en parles à personne, OK ?
Émilie : Marché conclu.

— Les enfants, malheureusement j'ai perdu vos devoirs !
— C'est pas grave, monsieur, on vous aime quand même.
— Merci, c'est pour ça que l'on va le refaire !

(Simon n'arrive pas à enfoncer la vis.)

— Madame, je n'arrive pas à la mettre dans le trou !

— C'est plutôt gênant, pour un garçon...

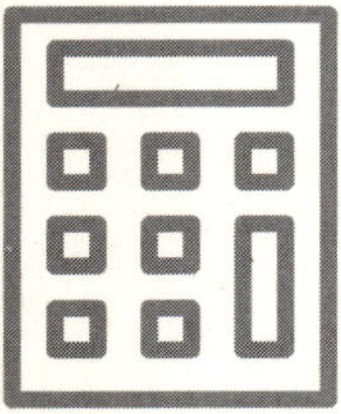

DANS VOS COPIES, FAUT ÉVITER DE DONNER L'IMPRESSION DE PENSER, SURTOUT QUE LA PLUPART DU TEMPS, C'EST EFFECTIVEMENT UNE IMPRESSION.

Prof : J'ai l'impression d'avoir affaire à une bande de veaux !
Élève : On demande pas qui est la vache !

— Monsieur, on est quel jour ?
— Je sais pas moi, le 22 ? Et puis au pire, tu mets 2010, c'est bon ça passe et l'année prochaine tu mettras 2011 et après 2012 et enfin 2013 ! Mais tu seras toujours en seconde avec ton niveau en maths !

Élève : Merde !
Prof : Oh ! Mais j'entends des gros mots ! Et même pas en anglais, en plus !

- Benjamin, vous me devez 39,99 euros !
- Mais pourquoi, monsieur ?
- C'est le prix du décodeur de la NSA que je dois louer pour déchiffrer votre écriture !

(Une élève se penche, son jean taille basse laisse voir le bas de son dos. Le prof la voyant lui donne un coup de règle sur ses fesses.)
Rangez le rayon boucherie avant que je ne dévore tout !

(La prof veut faire une démonstration par projecteur.)

— Pourquoi ce projecteur ne fonctionne pas, enfin ?

— Madame... La multiprise... Je crois qu'il faut l'allumer...

(Sur la copie d'un élève)

Monsieur, je vous propose d'aller voir sur votre manuel les réponses et d'éviter de me poser tant de questions inutiles.

(Commentaire du prof)

Très drôle. 2/20.

Donc, ce poème est fait de plusieurs catins... Euh quatrains ! Oui, plusieurs quatrains.

Élève : Miss !
Prof : Yes, Laura ...
Élève : Tristan s'étouffe avec un bout de son bouchon de stylo !
Prof : Il peut me le dire lui-même...
Tristan (avec une voix bizarre) : Madame, je m'étouffe !
Prof : In English, please !

(Un élève revient de l'infirmerie avec le justificatif.)
— Je regarde toujours l'heure qu'a notée l'infirmière.
— Elle est bonne, hein ?
— Pardon ?
— L'heure.
— Ah oui, oui...

– Monsieur, je comprends pas, là !
– Regarde bien.
– Ah oui, je suis con !
– Je n'osais pas le dire...

ÉLÈVE *(ARRIVANT EN RETARD)*: BONJOUR ! PROF *(EN LUI CLAQUANT LA PORTE AU NEZ)*: AU REVOIR !

— Dis donc Mathilde, tu n'as pas fait beaucoup de progrès depuis l'année dernière ?!
— C'est normale, madame, je vous ai gardé comme prof !

En fac de maths, j'ai fait de l'informatique, mais c'était que de la théorie. J'ai jamais vu un ordi pendant ces cours-là, quoi. Enfin, c'est peut-être parce que j'y allais pas...

Prof : Dans le texte, ils disent que les jeunes Anglais, pour apprendre à compter, ils s'amusent à compter les voitures rouges, les ambulances, etc. qui passent.
Emma : Mais ça sert à rien de faire ça !
Prof : Que celui qui n'a jamais compté les dalles au plafond pendant un cours au lycée leur jette la première pierre.
Emma : OK, j'ai rien dit !

— Vous savez pourquoi je suis prof ?
— Vous buviez trop pour la police ?
— Très drôle, mais vous êtes loin de la vérité ! Quelqu'un d'autre ?
— ...
— En fait, moi-même je me pose encore la question en vous voyant !

CÉLIA, LISEZ. JE SENS QUE VOTRE MUSCLE LINGUALE EST CHAUD, VOTRE BOUCHE EST PRÊTE.

(Une élève dessine sur son cahier un homme moche, chauve et barbu.)
Bon, Élodie, arrête ça tout de suite si tu veux pas que j'aille dire à ta prof d'anglais que tu la dessines en cours de maths !

— Jeune homme, qu'est-ce que tu as dans la bouche ?
— Bah, ma langue !

(Le prof voit un élève qui joue avec une pièce de 5 centimes, il s'approche et la lui confisque.)
William : Oh non ! 5 centimes de perdus !
Le prof : La prochaine fois, tu es prié de jouer seulement avec des pièces de deux euros.

(Pendant un contrôle de maths)
— Monsieur, je ne me souviens plus de la formule !
(Le prof se lève et la note au tableau.)
— Merci, je n'aurais jamais pu faire la suite sans vous !
— Oh de rien, pour toi, je savais que c'était perdu d'avance, au moins ça me permettra de voir tout ceux qui n'ont pas appris la leçon, et qui ont utilisé la connerie du tableau, et ça m'a permis aussi, surtout, de vous faire chier. À demain pour la note !

- Simon, va me chercher l'échelle de Richter !
- Tout de suite, m'sieur !

— Parlez-moi de la pluie.
— La pluie, ça mouille !
— Bravo Julien, je vois que tu as un grand avenir dans la science !

(Deux élèves se croient discrets et discutent pendant le cours.)
Arthur : Comment c'était épique quand t'as défoncé Stevan hier !!
Selim : Ouais ! T'as vu le coup de boule que je lui ai mis !
Prof : BON, ÇA SUFFIT, LES GARÇONS ! Vous faites ce que vous voulez avec vos boules, mais pas ici.

Bon, Marine et Thibault, si vous continuez à vous regarder comme cela, vous allez finir par nous faire un enfant sur la table.

Vous avez l'énoncé suivant : « On ajoute 10^-8 mole d'acide chlorhydrique dans 1 litre d'eau. » Je sais pas comment on fait, c'est techniquement impossible, mais là on y arrive, de toute façon, sur le papier, tout est permis !

Qu'est-ce que vous attendez pour commencer ? La réponse n'est pas écrite sur ma tête ! Non Simon... Elle n'est pas non plus écrite sur mes seins...

— M'SIEUR, VOUS VOUDRIEZ PAS ME RAJOUTER UN DEMI-POINT, S'IL VOUS PLAÎT ?
— T'AS VU LA VIERGE EN STRING OU QUOI ?

Si vous me dites : « Je ne sais pas », je vous écrase la tête contre le tableau.

- Comme vous le savez, vous passerez votre brevet de secourisme la semaine prochaine. Il y a des questions ?
- Monsieur, il y aura le bouche-à-bouche ?
- Oui bien sûr ! Et réjouissez-vous ! C'est avec moi que vous le ferez !

(Un élève propose une réponse à la question du prof.)
Prof *(siffle)* : Eh bien, je suis content de travailler avec vous, parce que moi aussi j'en apprends, des choses !

- Vous avez dit au prof principal que j'étais méchante avec vous...

- ...

- C'est mignon...

(Le prof commence à dessiner un tableau.)

— Monsieur, il va être plutôt long ou plutôt large ?

— ... Tu parles bien du tableau, là ?

Ça suffit, les deux au fond, si vous voulez vous insulter, c'est en anglais !

(Sur une copie d'élève)

Le quadrilatère ABCD est donc un triangle.

— Comment dit-on « fatigué » en espagnol ?
— *Estar casado !*
— Non, ça, c'est être marié. Remarque, c'est un peu la même chose…

Vous vous mettez 5 par terrain, 3 d'un côté, 3 de l'autre.

(La classe fait le bordel et le prof est à bout.)

— Be quiet, BE QUIET !!!

(La classe est de plus en plus bruyante.)

— SHUT THE HELL UP !

(Les élèves sont surpris et se taisent.)

— Vous êtes bien des gosses, vous n'accordez de l'attention que quand on vous insulte.

— Et donc, il dit quoi, Pythagore ?
— Il dit rien, il est mort !

– SORTEZ UNE FEUILLE, CONTRÔLE !
– QUOI ? MAIS CONTRÔLE SUR QUOI, MONSIEUR ?
– SUR... PRISE !

— Je vous préviens, il est possible que vous ne m'ayez pas la semaine prochaine.
— Ah bon, pourquoi ?
— Je vais essayer de partir en expédia.
— Ah bon ?!
— Oui, je vais en expédition au rectorat : y a une erreur sur mon salaire !

Prof : *La edad de piedra,*
ça veut dire « l'âge
de pierre ».
Pauline *(à Émilie)* :
Psst ! C'est qui, Pierre ?
Émilie : Mais non, c'est
pas Pierre, c'est l'âge de
pierre !
Pauline : Non mais
il a quel âge ?

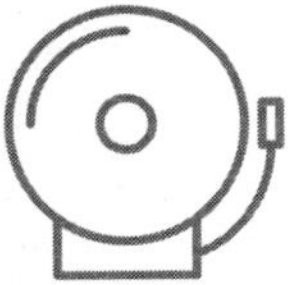

Je ne dirai pas que vous êtes « un crétin abruti par la télé réalité et les consoles de jeux », mais je n'en pense pas moins...

Pour ne pas oublier, notez dans vos agendas que mardi prochain à 10 heures, c'est la photo de classe. Hum hum, .essayez de vous faire beau. Enfin... si c'est possible !

— Elle a la voix grave, cette fille !
— C'est un garçon...

(Appréciation sur un bulletin)
Je ne connais pas cet élève, le troisième trimestre me donnera peut-être l'occasion de le rencontrer, daigne-t-il venir ne serait-ce que pour chauffer les chaises.

(Le prof surprend un élève en train de dessiner.)
Prof : Si encore tu dessinais une bite, j'aurais rien dit parce que ça a un rapport avec le cours de SVT mais là... t'as dessiné quoi ?
Élève : Ben en fait..., j'ai dessiné mon voisin.
Prof : Ah ouais... C'est bon, je retire ce que j'ai dit, ça passe...

On vous impose le choix.

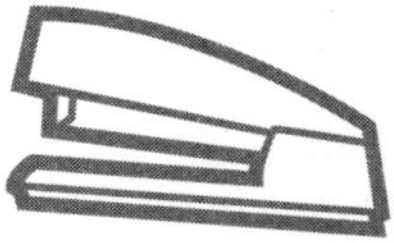

— On écrit où ?
— Sur tes fesses : t'auras de la lecture aux toilettes.

— Le courant est feignant, il prend le chemin sans obstacle.
— Ah bah, il est comme moi, alors !
— Non, lui, il sert à quelque chose au moins...

— Madame, ils étaient durs, les exercices.
— Mais William, tout est difficile quand on est nul.

(Une élève appelle LA prof en criant.)

— MONSIEUR !
(Le mari de la prof enseigne dans le même établissement.)
— Tu t'es trompé, il est à l'étage au-dessus, mais vu comme tu as braillé, il a dû t'entendre...

Alors écoutez-moi bien, car on va faire quelque chose de vraiment difficile... On va s'asseoir correctement, et fermer sa bouche.

(LA PROF ÉCRIT LA DATE AU TABLEAU.)

— MAIS MADAME, ON EST MARDI AUJOURD'HUI !

— ET MERDE ! MOI QUI PENSAIS QU'IL NE ME RESTAIT PLUS QUE DEUX JOURS À VOIR LEURS TÊTES DE CON !

(ÉNORME BLANC DANS LA CLASSE…)

— J'AI VRAIMENT DIT ÇA À VOIX HAUTE ?

— Monsieur, vous nous rendrez quand, nos contrôles ? On les attend depuis deux semaines.

— Je peux pas, il faut que je corrige les contrôles des autres classes avant !

— Mais on est votre classe préférée !

— Oui, bien sûr que vous êtes ma classe préférée…, après les autres !

(À propos des suites géométriques)
— Monsieur, le « Q », c'est la « raison » ?
— Mathématiquement, oui. Philosophiquement, ça se discute...

Euh William, j'ai cherché une copie que je pourrais corriger en vingt secondes... donc j'ai cherché la tienne. Et je ne me suis pas trompé.

— J'ai corrigé vos contrôles et je n'ai jamais vu une telle moyenne !
— C'est si mauvais ?
— On frôle pi...

(Un groupe de la classe part en voyage la semaine suivante.)
Élève : Monsieur, comme une moitié de classe n'est pas là la semaine prochaine, on peut faire un goûter ou annuler le cours ?
Autre élève : Et à la rentrée, on fait pareil pour fêter le retour !
Prof : Bah oui, bien sûr, et le bac on se le fait au ciné ?!

– Mais monsieur, ça sert à rien du tout, ça !
– Et toi ? Tu sers à quoi ?

Prof : Est-ce que vous avez compris ?
Élèves : Ouiii !
Prof : Bon je ré-explique...

(Le prof de physique explique que le vide n'existe pas.)
— Je vois que je parle dans le vide.
— Mais monsieur, enfin ! Le vide n'existe pas ! Vous parlez juste tout seul !

Les hommes sont sortis d'une femme. Leur problème, maintenant, c'est d'y rentrer mais d'une manière complètement différente.

(De sortie)
Mathilde : Madaaaaame, vous avez marché dans une merde !
Prof : Oh pardon, Mathilde, je t'ai pas fait trop mal ?

(Sur une copie corrigée)
0,25 : Merci de votre participation.

(Coupure du rétroprojecteur)

Un élève : Mais madame, c'est peut-être l'ampoule qui marche pas ?

La prof : Toi, tu as une tête d'ampoule mais t'es pas une lumière.

C'est juste une coupure de courant.

Simon : Ça me gratte les couilles !
Prof : Tu te grattes ce que tu n'as pas ?

NOUS N'ÉVOLUONS PAS EN TANT QU'INDIVIDUS MAIS EN TANT QU'ESPÈCE. C'EST LA GRANDE DIFFÉRENCE ENTRE LES POKÉMONS ET LES ANIMAUX.

Anna : Eh monsieur, je suis sûre qu'on est la pire classe que vous avez jamais eue ! Ah ah ah !
Prof : Tu as cru quoi, espèce de Bisounours ? Que parce que tu es en 6e tu peux te féliciter d'être stupide et agitée ? Ce soir, j'appelle ta mère.
Anna : Oh non,s'il vous plaît, monsieur...
Prof : Ici, c'est comme au cinéma : à la pire classe, le pire prof. Ah ah ah !

(Un élève parle à voix haute.)
— Tu vois ta tête ?
— Oui...
— Tu vois le livre sur mon bureau ?
— Oui...
— Eh bien, si tu continues, il va y avoir une collision entre les deux !

Célia, pourrais-tu fermer la porte, et ta gueule par la même occasion s'il te plaît ?

(Le prof raconte n'importe quoi puis demande :)

– VOUS AVEZ COMPRIS ?
– OUI !
– C'EST BIEN CE QUE JE PENSAIS : VOUS VOUS FOUTEZ DE MA GUEULE...

(Un élève qui ne participe jamais se propose pour lire.)

C'est le titre qui t'inspire ?

(Le titre du texte : « La pipe ».)

Bon, j'ai eu la flemme de calculer vos moyennes et vu qu'il nous reste cinq minutes, vous allez le faire !

(Les élèves sortent leurs calculatrices pour faire leurs moyennes.)

Ah mais Marco, toi, c'est pas la peine : je voudrais pas que tu te fasses mal au cerveau, et en plus, zéro + zéro, ça a toujours fait zéro !

Qui pense que c'est vrai ?
(Une main se lève.)
Qui pense que c'est faux ?
(Tous les autres lèvent la main.)
En effet, c'est faux. Simon, vous êtes le maillon faible, au revoir.

Bien sûr, vous n'avez pas le droit de signer les copies, elles doivent rester anonymes ! Enfin, si vous voulez y laisser la carte bleue avec les quatre chiffres, vous pouvez, mais accrochez-la bien !

(Une élève énerve le prof.)

— Je sais enfin pourquoi je préfère les tomates à toi.

— Pourquoi ?

— Les tomates, à la fin de l'année, je les aurai cultivées !

Je vous préviens, j'ai plus
de chewing-gums :
vous allez souffrir !

(Une élève dans le couloir avant de rentrer en classe.)
— Mon shampoing, c'est du L'Oréal®, parce que je le vaux bien !
(En secouant ses cheveux.)
(Le prof, au moment de rendre les contrôles.)
— Émilie : 2/20... parce que vous ne valez rien !

— Désormais, le cours de physique-chimie du mardi sera déplacé le lundi de 10 h à 11 h !
— Mais madame, ça nous fait trois heures de physique le lundi !
— Quand on aime, on ne compte pas !

— NOUS SOMMES LE 13, LE JOUR MALHEUR...
— MAIS NON, MONSIEUR, C'EST LE JOUR DU BONHEUR CAR JE SUIS NÉ UN 13 !
— JE SAIS BIEN ! C'EST D'AILLEURS POUR CELA QUE JE LE DÉTESTE TANT...

Un élève à un autre : Non mais va chez le coiffeur toi un peu !
Prof : Tu es bien gentil ! À ce stade-là, ce n'est plus un coiffeur qu'il lui faut, mais un jardinier !

Pour Damien, le passé simple, c'est juste ajouter un « i » à la fin des verbes : courir, je couri ; vouloir, je vouli et jouer, je jou...

(En pleine discussion sur l'âge de la prof)

Élève : Moi, je vous dis 40 ans.

Prof : Quand j'aurai 40 ans, tu seras marié, tu auras des enfants, un boulot. Mais cela ne t'arrivera jamais, donc je n'aurai jamais 40 ans !

(Un stylo vole à travers la classe.)

Prof *(fixant Pauline)* : Qui a lancé ce stylo !?
Pauline : Pourquoi vous me regardez !?
Prof : C'est pas toi ?
Pauline : Bah si, mais c'est pas une raison !

Ce matin, je surveillais une classe en contrôle et je m'ennuyais... mais je me suis dit que pour vous c'était comme ça toute la journée !... Votre vie est atroce... Je me souviens, à votre âge, je trouvais ça atroce et je me disais qu'adulte ça irait mieux, avec un boulot et tout... mais en fait... pas du tout. La vie est atroce !

(Le portable du prof se met à sonner.)

– Monsieur, vous pourriez le mettre en silencieux !
– Et toi, c'est quand que tu te mets en silencieuse ?

(Arrivée sur le lieu de la sortie géologique de quatre jours)

Pour les dortoirs, c'est filles et garçons séparés...
On est partis à 28, on revient pas à 29... ou plus si affinités !

PROF : BON, À COMBIEN S'ÉLÈVE LA POPULATION FRANÇAISE ?
ÉLÈVE : 45 MILLIARDS ?
AUTRE ÉLÈVE : BEAUCOUP PLUS, JE DIRAIS ENTRE 100 ET 125 MILLIARDS ?
PROF : JE NE VOUS AI PAS DEMANDÉ DE PRENDRE EN COMPTE LES PEUPLES DES AUTRES GALAXIES…

(Le prof rend les copies d'une interro.)
Bon… Le jour du devoir commun, il y avait beaucoup d'absents physiquement, mais il y avait aussi beaucoup d'absents mentalement !

Prof : Léa, c'est quand ton anniversaire ?
Léa : Le 27 mars, enfin il est déjà passé, pourquoi ?
Prof : Ben, tu sais, les carnets pour apprendre à colorier aux enfants ?
Léa : Heuu oui ?
Prof : Je t'en aurais bien acheté un... parce que vu ta carte...

(Le téléphone d'un élève sonne. Une fois, deux fois, trois fois...)

Prof : Réponds et dis-lui « Ta gueule, connard, j'suis en cours ! ».

Prof : Mais vous êtes tous des ahuris ! C'est pas possible une bande de machos pareils ! Il n'y a pas un seul garçon qui m'a écrit « aimées » avec « -ées » !

Simon : Bah, c'est pas de notre faute, c'est juste que depuis le CM2 on nous répète que c'est le masculin qui l'emporte...

Prof : Dis-moi, Simon, sais-tu pourquoi Dieu a créé l'homme avant la femme ?

Simon : Bah, parce qu'on est les plus forts...

Prof : Non, tout simplement parce qu'il lui fallait un brouillon avant la perfection.

Prof : Bon, on va élire les délégués.
Celui qui a le plus
de voix devient le délégué.
Adrien : Et si y a égalité ?
Prof : On fait un second tour.
Adrien : Et si y a encore égalité ?
Prof : On fait un troisième tour.
Adrien: Et si y a encore égalité ?
Prof : Et si ma grand-mère ressuscite et que
je me transforme en pingouin ?
Toute la classe : On fait un quatrième tour !

— Monsieur, je peux aller aux toilettes ?
— Pour faire quoi ?

(Le prof trace une droite.)
Je vais prendre la craie verte parce que c'est la couleur de l'espérance. Et qu'avec vous j'en ai vraiment besoin.

— Euh, monsieur, comment t'as fait pour trouver ce résultat ?
— Tu me tutoies maintenant ? On n'a pas encore fait des câlins sous la douche, que je sache !

Prof : Quand les projets de Napoléon sont-ils tombés à la flotte ? Personne ? Lors de la bataille de Waterloo...
Adrien : Bien trouvé, madame, le jeu de mots !!
Prof : Quel jeu de mots ?

— Maman ! Heu... pardon, madame.
— Oh non, si j'étais ta mère je t'aurais abandonné depuis longtemps !

— Oh là, là ! Adrien, tu es paresseux comme ma chatte...
— ... ?!
— Mon chat à la maison qui est une femelle, hein...

Personne ne sortira avant que j'aie fini ma leçon !

(À ce moment, l'alarme incendie se déclenche.)

(Prof qui imite une scène mythique de Star Wars.*)*

— Julien, je suis ton prof de maths, rejoins le côté mathématiques de la force !

— JAMAIS !

Si je sors une perle, n'hésitez pas à me citer sur Internet, j'en serai fière ! Je vous donne le lien d'un site spécifique, qui est plutôt bien fait : www.perlesdeprofs.com

(À une fille de la classe qui est en train d'envoyer un SMS.)
Aaah, t'as un nouveau portable ? Sympa ! Il est mieux que l'autre ?

J'ai commencé à corriger vos copies... Je dis bien que j'ai commencé ! Je me suis arrêté à la moitié... car j'avais envie de me pendre !

(Le prof rend des copies.)
Prof : Pauline, 18.
Félicitations ! (Avec un accent anglais)
Pauline : Monsieur, on dit « Congratulations »...

Désolée de ne pas avoir été là hier...
Je ne sais pas qui est le plus con entre mon mari et mon chat, mais quelqu'un a débranché mon réveil !

— Bon, aujourd'hui on ne va pas travailler parce que je suis fatigué donc coloriez, dessinez, faites ce que vous voulez mais occupez-vous !
— On peut utiliser nos téléphones ?
— Évidemment que non ! Vous êtes en cours, quand même !

— BON, NORMALEMENT, JE SUIS PAS CENSÉ VOUS LAISSER FUMER EN COURS MAIS PUISQU'ON EST EN SORTIE...
— MERCI MONSIEUR !
— DONNE-MOI TON PAQUET.
— POURQUOI ? VOUS AVEZ DIT QU'ON AVAIT LE DROIT.
— JE SAIS, MAIS J'AI OUBLIÉ LES MIENNES.

(Le prof a tué une araignée quelques minutes avant et vient de se tromper dans un exercice.)

Je suis désolé... Je suis encore en deuil. Pauvre Michelle l'araignée...

– Bon, aujourd'hui,
vous allez courir
1 km.
– Mais monsieur ! On
va avoir mal aux
jambes, après !
C'est trop !
– D'accord, vous allez
faire 4 fois 250 m alors,
c'est plus court !

Prof : Par quoi commence une hypothèse ?
Élèves en chœur : Par un H !
Prof : Merci ! Grâce à vous, je suis au top pendant au moins deux semaines en salle des profs !

— Arrête de rigoler !
— Mais madame, j'y arrive pas !
— Bah, regarde ma tête : tu vas y arriver !

Au prochain test de vocabulaire, je vous filme et j'envoie ça à un psy. Il y a quand même quelques cas pathologiques...

- Quel est le principal avantage d'appartenir à l'Union européenne ?
- Ben, on peut participer à l'Euro millions, c'est évident !

Monsieur, comment s'appelle votre femme ?
— Laquelle... ?

La prof : BON, TAISEZ-VOUS ! Vous êtes vraiment des casse-couilles, vous !
Adrien *(bas à son voisin)* : Bah pour elle, c'est pas un problème, elle en a pas, des couilles...
La prof : Tu veux les perdre, Adrien, les tiennes ? Non ? Alors tais-toi !

Vous êtes tous uniques, prenez-en conscience ! À part pour Simon et William, chez qui le cerveau semble avoir le même vide intersidéral...

(Après 10 minutes d'exposé particulièrement ennuyeux d'un élève)

Tu dégages un esprit de marshmallow... T'es mou, quoi !

(La prof annonce qu'elle va mettre des croix à chaque fois qu'un élève discute.)

Pauline : Vous mettez des croix ? Nan mais on n'est plus des gosses, quoi ! La prof : Tu préfères les ronds ?

**— Deux heures de colle,
Simon !
— Quoi ?! Mais m'sieur,
j'ai rien fait !
— Ah ? Eh bien, ce sera
pour toutes les fois
où tu as fait quelque
chose mais où je ne t'ai
pas vu...**

Ceux qui veulent faire
les exercices me suivent,
les autres, allez vous
faire foutre.

Ce physicien a été très critiqué, d'ailleurs il s'est suicidé à la fin de sa vie.

**Élève : Ta mère !!
Ta grand-mère et toutes les femmes de ta famille !
Prof : Vous voulez pas jouer avec les filles de votre âge avant de jouer avec les mères de vos copains ?**

– Monsieur, j'ai pas de stylo, je peux en avoir un, svp ?
– Il s'appelle « Reviens », hein !
– …
– Et il s'appelle « Merci » aussi !

(DÉBUT DU COURS SUR LA RELIGION)

BONJOUR À TOUS. AUJOURD'HUI, NOUS ALLONS ÉTUDIER LA VERGE ET LES SEINS...

(Le prof aperçoit une gomme par terre, sur laquelle est dessiné un pénis, il la ramasse et la donne un élève.)

BON, TIENS, GARDE-LA, T'EN AURAS BESOIN... ET PAS QUE POUR GOMMER...

Bien... Rangez vos affaires, y a contrôle surprise !

(Toute la classe le regarde avec un air dépité.)

Ah... Je vois des regards noirs...

(Il s'arrête quelques secondes et reprend.)

Non, en fait, c'est juste une feuille pour vous aider à réviser mais j'avais envie de voir vos têtes désespérées...

(Le prof efface une partie du tableau.)
— Monsieur, j'avais pas fini d'écrire.
— De toute façon, tout n'est pas important, seulement la méthode.
— C'est quoi, la méthode ?
— Oups, c'est ce que je viens d'effacer.

(Une élève est en train de chanter.)
C'est qui qui nous fait la Star Academy, là ? Que je puisse au moins la féliciter pour sa capacité à nous donner envie de nous suicider.

Un de mes plus grands fantasmes : me poster à la fenêtre de la salle des profs avec vous en bas, lâcher vos copies et vous regarder vous entretuer pour les attraper.

Julien : Il y a des choses qui ne s'expliquent pas, dans la vie...
Prof : Oui, par exemple le fait qu'on t'ait laissé passer en terminale...

Élève : Ah oui, monsieur, vous êtes pas bête !
Prof : Oui, toute la différence entre toi et moi, c'est que moi je suis doté d'une intelligence.
Élève : Ah, oui mais je suis enfant d'un prof d'histoire !
Principale adjointe : Ça a dû sauter une génération !

Vous avez le droit de tricher ! Le droit que vous n'avez pas, c'est de vous faire prendre !

– Monsieur, y a Julien qui m'embête !
– Oh, pour une fois qu'un garçon s'intéresse à toi, tu ne vas pas te plaindre !

(Un élève fait une bêtise et pense que la prof ne le voit pas.)
Le père Noël voit tout, William !

Prof : Adrien, enlève ce truc jaune autour de ton cou.
Adrien : Si on peut plus porter ce qu'on veut...
Prof : En même temps, si ça, ça devait vraiment être ton look, dis-toi que je t'ai sauvé la vie.

— Monsieur, il y a une unité après la tonne ?
— Non... Enfin, y a la belle-mère.

Ce qui m'énerve avec les gens qui trichent, c'est lorsqu'ils remarquent que leur voisin a fait une faute et qu'ils ne lui disent pas ! À partir du moment où vous respectez ce principe, vous pourrez tricher pendant mes contrôles. J'ai même de très bonnes techniques si vous voulez.

(Commentaire de la prof sur la copie d'une élève qui n'a pas eu la moyenne lors d'un devoir sur l'ironie.)

BRAVO !

— Eh, arrêtez de faire les zouaves au fond !
— Mais monsieur, y a William qui fait des tours de magie !
— Moi aussi je sais en faire un !
(Admiratifs et moqueurs)
— Vrai, monsieur ?
— Oui regardez ! William il est là et, pouf, William il est plus là !
(Prend le carnet de William et lui ouvre la porte en souriant.)

Imprimé en Europe
ISBN : 978 2 36075 437 3
Dépôt légal : à parution